Ahmed Denton

Os Impactos da Falta de TQM nas Empresas Locais de Construção na Libéria

Ahmed Denton

Os Impactos da Falta de TQM nas Empresas Locais de Construção na Libéria

ScienciaScripts

Imprint

Any brand names and product names mentioned in this book are subject to trademark, brand or patent protection and are trademarks or registered trademarks of their respective holders. The use of brand names, product names, common names, trade names, product descriptions etc. even without a particular marking in this work is in no way to be construed to mean that such names may be regarded as unrestricted in respect of trademark and brand protection legislation and could thus be used by anyone.

Cover image: www.ingimage.com

This book is a translation from the original published under ISBN 978-620-2-07237-3.

Publisher:
Sciencia Scripts
is a trademark of
Dodo Books Indian Ocean Ltd. and OmniScriptum S.R.L publishing group

120 High Road, East Finchley, London, N2 9ED, United Kingdom
Str. Armeneasca 28/1, office 1, Chisinau MD-2012, Republic of Moldova, Europe
Printed at: see last page
ISBN: 978-620-7-77655-9

Índice

RECONHECIMENTO

Estou muito grato a Deus Todo-Poderoso por me ter dado a capacidade de concluir com êxito esta tese.

Gostaria de agradecer ao meu orientador de tese Dr. Jack Rosen Zweig da Atlantic International University, à minha tutora Kinmberly Diaz e à minha conselheira de admissão Judith Brown. Estiveram sempre dispostos a ajudar-me sempre que tive um problema ou uma questão relacionada com a minha tese. Fizeram o seu melhor para garantir que esta tese fosse o meu próprio trabalho, orientando-me durante todo o processo.

Gostaria também de agradecer a todos os que participaram no inquérito por amostragem para este projeto de investigação. Sem a sua participação apaixonada e o seu contributo, o inquérito por amostragem não poderia ter sido realizado com êxito.

Por último, devo exprimir a minha profunda gratidão à minha mulher, Sra. Matu M. Denton, e aos meus filhos, por me terem dado o seu apoio infinito e o seu encorajamento contínuo durante todo o período de estudo e durante o processo de investigação e redação desta tese. Esta realização não teria sido possível sem eles. Obrigado a todos.

AHMED DENTON

RESUMO

Muitas empresas de construção locais na Libéria enfrentam sérios desafios quando se trata de entregar projectos de acordo com o âmbito, o orçamento e o calendário exigidos, devido à falta de uma gestão eficiente.

Para encontrar as soluções para os problemas enfrentados pelas empresas de construção locais na Libéria, foi estabelecido que a maioria dos impactos derivava da falta de gestão da qualidade. Por conseguinte, esta tese centrar-se-á na identificação dos impactos da falta de Gestão da Qualidade Total; nas causas destes impactos utilizando a análise da causa raiz; e na procura de medidas e estratégias de mitigação através da implementação dos princípios da Gestão da Qualidade Total.

A Gestão da Qualidade Total (TQM) é um esforço organizacional integrado, concebido para melhorar a qualidade a todos os níveis de uma organização. Isto significa que a organização precisa de fazer da qualidade uma prioridade, colocando as necessidades do cliente em primeiro lugar.

Será realizado um inquérito por amostragem utilizando questionários e dados estatísticos disponíveis para recolher todas as informações necessárias para esta tese. Os dados estatísticos recolhidos serão analisados em formato de tabela e gráfico.

O resultado desta tese beneficiará as empresas de construção locais na Libéria, ajudando-as a melhorar os seus negócios através da manutenção de pessoal qualificado, da obtenção de uma vida útil duradoura (existência da empresa), do desenvolvimento de bons serviços e relações com os clientes, do aumento do lucro através da poupança de custos em caso de incumprimento zero (taxas de retrabalho e de retenção) e da entrega de projectos dentro do âmbito e do calendário exigidos.

CAPÍTULO 1 - INTRODUÇÃO

1.1 Declaração do problema

O desempenho de algumas empresas de construção locais na Libéria ao longo dos anos tem sido insatisfatório para muitos clientes devido a numerosos problemas, incluindo a não conclusão dos projectos a tempo, a não entrega do projeto de acordo com o âmbito do trabalho, a má gestão dos fundos do projeto, etc. Esta situação criou um enorme revés para as empresas de construção locais. Alguns clientes estão insatisfeitos e não podem confiar outros projectos nas mãos de empresas de construção locais pela segunda vez. Por este motivo, muitas empresas de construção locais não podem continuar a operar devido à falta de fundos operacionais.

1.2 Discussão

O fraco desempenho de algumas empresas de construção locais suscitou muitas preocupações e representa uma séria ameaça para a economia global da Libéria. As empresas de construção locais não poderão competir com as empresas de construção internacionais durante o processo de concurso, ficarão sem fundos devido à falta de contratos e muitas outras consequências relacionadas com as obras de construção na Libéria. É mais do que tempo de definir e aplicar soluções para resolver estas questões, a fim de evitar que as empresas de construção locais se deparem com tais problemas.

1.3 Objectivos de investigação

Atualmente, na Libéria, muitas empresas de construção locais são vítimas da falta de gestão da qualidade total. Estas empresas sofreram muitas consequências por não gerirem corretamente os seus projectos.

O objetivo desta tese é analisar os impactos que a falta de Gestão da Qualidade Total tem tido nestas empresas locais, os conceitos de Gestão da Qualidade Total a aplicar para prevenir estes impactos e as medidas de controlo a implementar para garantir a melhoria contínua.

1.4 Ambiente de investigação - Libéria

Esta investigação é efectuada na Libéria. A Libéria é uma das nações subsarianas da África Ocidental. É limitada a norte pela República da Guiné, a leste pela República da Costa do Marfim, a oeste pela República da Serra Leoa e a sul pelo Oceano Atlântico. A área total da Libéria é de aproximadamente 111,00 km, com uma população de cerca de 3,5 milhões de pessoas.

A Libéria tem duas estações, a estação das chuvas e a estação seca. O país está dividido em quinze condados, nomeadamente: Bomi, Bong, Gbarpolu, Grand Cape Mount, Grand Bassa, Grand Gedeh, Lofa, Grand Kru, Margibi, Montserrado, Nimba, Maryland, Sinoe, River Cess e River Gee. A capital da Libéria é Monróvia, que recebeu o nome de um dos antigos presidentes dos Estados Unidos, James Monroe, e está situada no condado de Montserrado.

A guerra civil eclodiu na Libéria em dezembro de 1989 e durou até agosto de 2003 (14 anos). Desde o fim da guerra civil, as pessoas têm vivido pacificamente e muitas delas com uma mentalidade de desenvolvimento. Têm-se esforçado por melhorar a todos os níveis, especialmente no domínio da construção. A construção é de grande importância para os liberianos porque as pessoas estão a tentar reconstruir as infra-estruturas danificadas e a construir novas infra-estruturas. Esta é uma das prioridades de todos os liberianos porque as pessoas querem recuperar o tempo perdido durante o período da guerra.

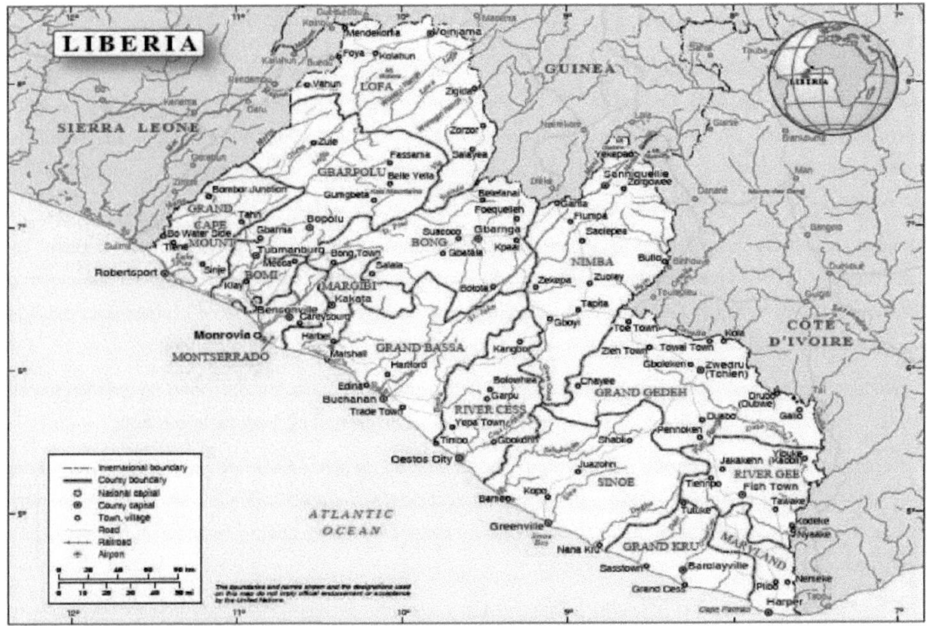

Figura 1: Mapa da Libéria (Copyright 2008 liberiamediacenter.org. Liberia Geography)

CAPÍTULO 2 - GESTÃO DA QUALIDADE TOTAL

A qualidade é uma preocupação séria para todas as indústrias, especialmente para as que têm experiências de má qualidade. Estas experiências podem envolver um fornecedor de automóveis que entrega uma peça sobresselente defeituosa, uma empresa de fabrico de tijolos que não produz a quantidade e a qualidade necessárias de tijolos a utilizar num projeto de construção e atrasos no desalfandegamento de bens/materiais importados do porto nacional do seu país.

Na maior parte dos casos, a má qualidade resulta de funcionários sem formação que se ocupam da identificação e correção dos problemas de qualidade. Algumas empresas também não se preocupam com a qualidade dos serviços que prestam aos seus clientes. Isto pode resultar na perda de clientes para os seus concorrentes que dedicam mais tempo e energia a melhorar os seus padrões de qualidade.

A qualidade tem muitas definições. Algumas pessoas consideram-na como "desempenho de acordo com as normas". Para outros, como "ir ao encontro das necessidades do cliente" ou "satisfazer o cliente".

> **Conformidade com as especificações** é a medida do grau de alinhamento do produto ou serviço com os objectivos e tolerâncias determinados pelos seus projectistas. Por exemplo, se a tolerância de projeto para a altura do pilar de uma ponte for de 5m±0,5 e o pilar for construído dentro desta tolerância admissível, então está-se em conformidade com a especificação.

> **A adequação ao uso diz respeito** à forma como o produto desempenha a sua função ou utilização prevista. Uma betoneira foi comprada para produzir 50 metros cúbicos de betão em 1 hora. Se a produção da betoneira for inferior ao necessário, então não está apta a ser utilizada, mas se o fizer, então está apta a ser utilizada.

> Esta definição de qualidade é frequentemente utilizada pelos consumidores para se referirem à utilidade de um produto ou serviço. Se uma máquina de soldar com uma vida útil prevista de 4 anos for comprada ao preço de 5 000 dólares, mas depois de ter sido utilizada durante 1 ano, a máquina fica danificada. Esta máquina de soldar não tem valor pelo preço pago, mas se durou mais de 4 anos ou exatamente, então tem valor pelo preço pago.

> **Serviços de apoio prestados: refere-se** à forma como a qualidade de um produto ou serviço é avaliada. Não se aplica apenas a produtos e serviços, mas também a pessoas, processos e ambiente organizacional a eles associados. Isto pode ser relacionado com um hospital que pede muito dinheiro como despesas médicas, mas os serviços prestados aos doentes não são adequados. Por vezes, é necessário ter uma ligação com um, dois ou mais funcionários do hospital para que lhe sejam prestados bons serviços.

> **Critérios Psicológicos** esta definição centra-se na avaliação das componentes-chave do produto ou na qualidade do serviço prestado.

A Gestão da Qualidade Total (TQM) é um conceito que se centra na melhoria da qualidade em todas as fases de um processo organizacional. Isto significa que a qualidade deve ser a primeira prioridade em todos os níveis da organização. A Gestão da Qualidade Total pode ser alcançada através de um esforço organizacional para garantir que a satisfação do cliente seja alcançada em todos os momentos.

2.1 Identificar o custo da qualidade

Nos últimos anos, muitas organizações aperceberam-se de que gastavam mais dinheiro em questões de má qualidade. Isto deve-se ao fabrico de produtos defeituosos ou à prestação de serviços de má qualidade, o que provoca insatisfação nos clientes e resulta na redução do negócio. O custo associado à má qualidade é conhecido como o "Custo da Qualidade" e pode ser dividido em duas categorias:

1) Os custos necessários para alcançar uma qualidade elevada, conhecidos como custos de controlo da qualidade. Estes incluem os custos de prevenção e os custos de avaliação.

2) Custos de correção ou compensação de falhas no produto ou serviço. Estes incluem os custos de falha interna e os custos de falha externa.

Custos de prevenção estes custos são incorridos no processo de prevenção da ocorrência de má qualidade. Incluem-se aqui os custos de manutenção preventiva do equipamento utilizado na produção, como o custo de manutenção das betoneiras (manutenção programada) utilizadas para misturar grandes volumes de betão para fundição, durante a construção de pontes ou edifícios históricos. Também estão incluídos os custos de formação dos empregados, para garantir que todos os empregados são competentes para desempenhar as suas funções de forma eficiente.

Os custos de avaliação são custos incorridos no processo de deteção de defeitos. Incluem o custo de inspecções de controlo de qualidade, testes de produtos e realização de auditorias para garantir que as normas de qualidade são cumpridas. Também estão incluídos nesta categoria os custos de aquisição de equipamento e ferramentas de inspeção da qualidade.

Os custos de falhas internas estão associados à descoberta da má qualidade do produto antes de este chegar ao cliente. Um exemplo de custo de falha interna é o retrabalho, a correção de um defeito num produto ou a prestação de um serviço que está fora do âmbito da aprovação e é necessário refazer o trabalho de acordo com a especificação correcta. Por vezes, o defeito não pode ser eliminado no produto, o que faz com que este seja declarado como sucata e se inicie um novo processo para fabricar um novo produto.

Os custos de falhas externas são custos associados a problemas de qualidade que ocorrem nas instalações do cliente. Estes custos podem ser particularmente prejudiciais porque a confiança e a lealdade do cliente podem ser difíceis de recuperar. Isto inclui tudo, desde queixas de clientes, devoluções de produtos e reparações, a reclamações em garantia, recolhas e até custos de litígio resultantes de questões de responsabilidade pelo produto. A componente final deste custo é a perda de vendas e de clientes. Por exemplo, um fabricante de equipamento de movimentação de terras forneceu uma máquina motoniveladora no valor de 700 000 dólares a uma empresa de construção de estradas com um ano de garantia, incluindo peças sobresselentes para manutenção preventiva. Oito meses após a entrega no local, a máquina desenvolveu um problema grave que exigiu a resolução de 250 000 dólares. Este custo será da responsabilidade do fornecedor e não do cliente. Por conseguinte, o fornecedor incorrerá num custo de avaria externo de $250.000 após a transação de venda da máquina.

Custos	Descrição	Categorias
Prevenção	Custos de preparação e aplicação de um plano de qualidade	Custos do controlo de qualidade
Avaliação	Custos dos ensaios, da avaliação e da inspeção da qualidade	
Falha interna	Custos de refugo, retrabalho e perdas de material	Custos de correção ou de

Falha externa	Custos de avarias nas instalações do cliente, incluindo devoluções, reparações e recolhas	compensação

Quadro 1

As empresas que consideram a qualidade importante investem fortemente em custos de prevenção e avaliação para evitar custos de falhas internas e externas. Quanto mais cedo os defeitos forem detectados, menos dispendiosa será a sua correção. Se um defeito for observado durante a fase de fabrico, a sua correção será menos dispendiosa do que se for observado nas instalações do cliente. Traçando a localização do defeito em função do custo do defeito, obtém-se o gráfico seguinte, em que C > B e B > A.

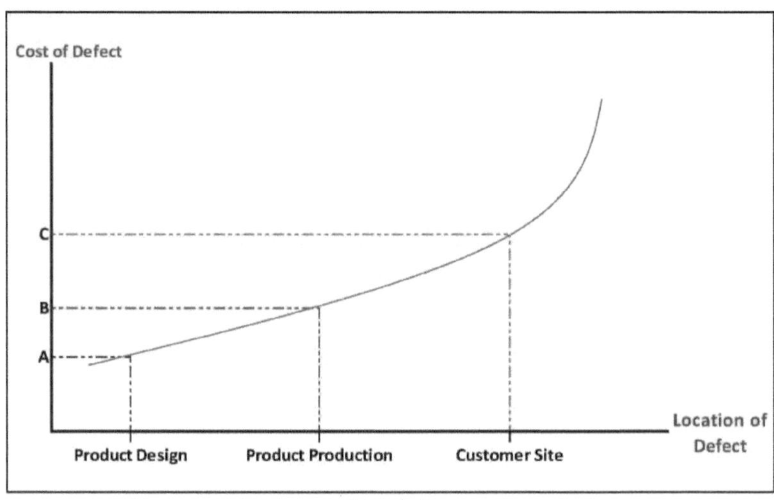

Graph 1

2.2 Ferramentas para identificar e resolver problemas de qualidade

A aplicação do conceito de gestão da qualidade total é da responsabilidade de todos os trabalhadores. Por conseguinte, a capacitação da sua força de trabalho através de uma formação adequada e da garantia de uma supervisão correcta durante a execução do trabalho pode colocar a sua empresa numa melhor posição para resolver problemas de qualidade sempre que estes surjam.

Existem sete ferramentas utilizadas para identificar e resolver problemas de qualidade. Estas ferramentas são por vezes referidas como as sete ferramentas de controlo da qualidade. Estas ferramentas não são difíceis de compreender, mas são muito úteis para identificar e resolver problemas de qualidade. São elas:

1) Diagramas de causa - e - efeito

2) Fluxograma

3) Lista de controlo

4) Gráfico de controlo

5) Diagramas de dispersão

6) Análise de Pareto

7) Histogramas

CAPÍTULO 3 - DECLARAÇÃO DE TESE

Esta tese tem como objetivo:

1. identificar os impactos da falta de gestão da qualidade total nas empresas de construção locais na Libéria.

Existem numerosos impactos (consequências negativas) nas empresas de construção locais na Libéria devido à falta de Gestão da Qualidade Total. Para esta tese, iremos analisar os seguintes impactos:

a) Não conclusão dos projectos a tempo.

b) Não entrega do projeto de acordo com o âmbito exigido e aprovado.

c) Não conclusão do projeto devido ao esgotamento do orçamento sem a conclusão do projeto (falta de controlo orçamental adequado).

d) Fim da existência da empresa devido à falta de fundos operacionais.

e) Subestimação da lista de quantidades do projeto (BOQ) devido à concorrência durante o processo de concurso.

2. encontrar as causas destes impactos utilizando a análise da causa principal.

Todos os impactos identificados serão analisados utilizando algumas das ferramentas analíticas da Gestão da Qualidade Total para encontrar as causas profundas, ou seja, a origem do problema.

3. encontrar medidas e estratégias de atenuação através da aplicação dos princípios da gestão da qualidade total em todo o âmbito das operações das empresas de construção locais.

Depois de se encontrarem as causas profundas dos impactos nas empresas de construção locais na Libéria, serão estabelecidas medidas correctivas para resolver os problemas. Deste modo, criar-se-á uma atmosfera de melhoria contínua para as empresas de construção locais na Libéria.

CAPÍTULO 4 - METODOLOGIA

Será realizado um inquérito por amostragem utilizando questionários (ver anexo 'A' para os questionários de inquérito por amostragem vazios utilizados para a recolha de dados) e entrevistas presenciais para identificar os impactos da falta de Gestão da Qualidade Total nas empresas locais na Libéria. As pessoas a participar no inquérito por amostragem e nas entrevistas devem ser engenheiros experientes, supervisores/gestores de construção e outros indivíduos qualificados com um grau de bacharelato ou superior.

Os dados estatísticos recolhidos serão analisados em formato tabular e gráfico. Os impactos serão identificados utilizando ferramentas de Gestão da Qualidade Total para identificar e resolver problemas de qualidade (ver 2.4 acima para mais pormenores). Todas as informações recolhidas junto das empresas locais serão tratadas como confidenciais. Por conseguinte, esta tese abordará os impactos nas empresas locais e não as próprias empresas.

Seguem-se os formatos de tabela a utilizar para a análise dos dados recolhidos durante o inquérito por amostragem:

Impactos da falta de TQM nas empresas de construção locais na Libéria - Dados estatísticos do inquérito por amostragem							
Não.	Impactos	95%	90%	85%	50%	25%	% de classificação
1	Não conclusão do projeto a tempo						
2	Não entrega do projeto de acordo com o âmbito exigido						
3	Não conclusão do projeto por falta de orçamento adequado contre 1						
4	Não conclusão do projeto devido a uma subestimação do orçamento do projeto						
5	Fim da existência da empresa devido à falta de fundos operacionais						
	Total						

Tabela: 1

Failure to complete project on time - Statistical Data from Sample Survey						
No.	Impacts - Due to	95%	90%	85%	50%	25%	% rating
1	Lack of proper planning and project control						
2	Lack of trained and qualified staffs						
3	Rework to correct non-conformance						
4	Mismanagement of funds						
	Total						

Table: 2

Failure to deliver project per required scope - Statistical Data from Sample Survey						
No.	Impacts - Due to	95%	90%	85%	50%	25%	% rating
1	Lack of qualified staffs						
2	Lack of proper monitoring or control						
3	Use of substandard materials						
4	Mismanagement of funds						
	Total						

Table: 3

Não conclusão do projeto devido à falta de controlo orçamental adequado - Dados estatísticos do inquérito por amostragem						
Não.	Impactos - Devido a	95%	90%	S5%	50%	25%	% de classificação
1	Indisponibilidade de pessoal qualificado						
2	Despesas fora do orçamento						
3	Desvio de fundos do projeto						
	Total						

Tabela: 4

Fim da existência da empresa devido à falta de fundos operacionais - Dados estatísticos do inquérito por amostragem						
Não.	Impactos - Devido a	95%	90%	S5%	50%	25%	% de classificação
1	Má gestão dos fundos						
2	Falta de pessoal qualificado						
3	Falta de geração de lucros						
4	Falta de poupança de rendimentos para projectos futuros						
	Total						

Tabela: 5

Impacto da falta de TQM nas empresas de construção locais na Libéria - Dados estatísticos para a análise de Pareto				
Não.	Impactos	Pontos do inquérito	Acumulado	Acumulado %
1				
2				

3				
4				
5				
	Total			

Tabela: 6

No.	Participant ID#	Failure to complete project on time	Failure to deliver project per required scope	Failure to complete project due to lack of proper budget control	Failure to complete project due to under estimation of project budget	End of company existence due to lack of operational funds
	**Impacts of Lack of TQM on Local Construction Companies in Liberia - Statistical Data from Sample Survey (Participant Rating)**					
1						
2						
3						
4						
5						
6						
7						
8						
9						
10						
11						
12						
13						
14						
15						
16						
17						
18						
19						
20						
	Total - Survey points	0	0	0	0	0
Rating:	95% = 5,	90% = 4,	85% = 3,		50% = 2,	25% = 1

Tabela: 7

CAPÍTULO 5 - ANÁLISE ESTATÍSTICA e RESULTADOS

O inquérito por amostragem foi realizado com sucesso, com vinte participantes qualificados e competentes da Libéria a contribuírem para esta investigação. As qualificações dos participantes incluem: catorze engenheiros civis, um engenheiro eletrotécnico, três gestores de construção, um responsável pelo ambiente e um especialista em recursos humanos. Entre os participantes, o maior número de anos de experiência foi de 35 e o menor de 3, o que dá uma média de 19 anos de experiência para todos os participantes.

5.1 Dados do inquérito por amostragem e análise gráfica

A partir do inquérito por amostragem efectuado, foram obtidos os seguintes dados e análises gráficas:

Impactos da falta de TQM nas empresas de construção locais na Libéria - Dados estatísticos do inquérito por amostragem							
Não.	Impactos	95%	90%	85%	50%	25%	% de classificação
1	Não conclusão do projeto a tempo	1	1	6	9	3	50%
2	Não entrega do projeto de acordo com o âmbito exigido	0	2	5	6	7	25%
3	Não conclusão do projeto devido à falta de um controlo orçamental adequado	0	7	5	5	3	90%
4	Não conclusão do projeto devido a uma subestimação do orçamento do projeto	2	1	3	8	6	50%
5	Fim da existência da empresa devido à falta de fundos operacionais	3	1	7	6	3	85%
	Total	6	12	26	34	22	

Mesa: 8

A partir do quadro 10, o número mais elevado de participantes por atribuição de percentagem do inquérito por amostragem foi selecionado como a classificação percentual para os impactos. A não conclusão do projeto dentro do prazo foi classificada em 50%, a não entrega do projeto de acordo com o âmbito exigido em 25%, a não conclusão do projeto devido à falta de controlo orçamental adequado em 90% (percentagem mais elevada obtida a partir do inquérito por amostragem), a não conclusão do projeto devido à subestimação do orçamento do projeto em 50% e o fim da existência da empresa devido à falta de fundos operacionais em 85%.

O gráfico 2 abaixo mostra a representação gráfica das informações da tabela 8 acima. O gráfico 3 mostra a análise gráfica dos impactos do inquérito por amostragem em relação ao número de participantes por percentagem. A partir do gráfico, 50% tem a maior contagem de participantes; em segundo lugar, 25%, 85% e 90%; e o menor é 95%.

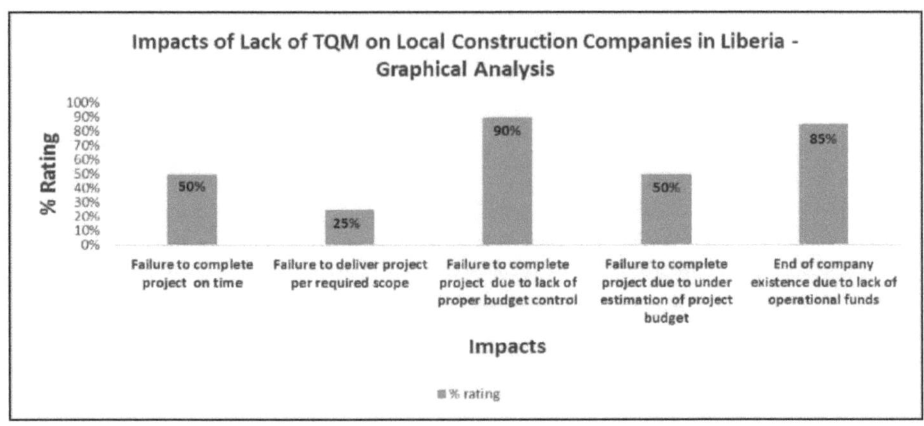

Gráfico 2

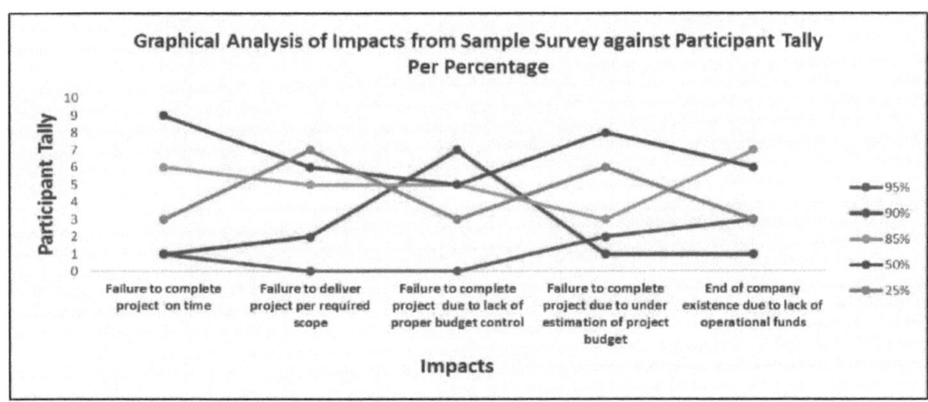

Gráfico 3

Não conclusão do projeto a tempo - Dados estatísticos do inquérito por amostragem						
Não.	Impactos - Devido a	95%	90%	85%	50%	25%	% de classificação
1	Falta de planeamento e controlo adequados dos projectos	1	3	4	11	1	50%
2	Falta de pessoal formado e qualificado	0	1	6	4	9	25%
3	Retrabalho para corrigir a não-conformidade	0	1	5	8	6	**50%**
4	Má gestão dos fundos	1	2	8	7	2	85%
	Total	2	7	23	30	18	

Tabela: 9

A partir do quadro 11, o número mais elevado de participantes por percentagem de atribuição do inquérito por amostragem foi selecionado como a classificação percentual para os impactos - devido a. A falta de planeamento adequado e de controlo do projeto foi classificada em 50%, a falta de pessoal formado e qualificado em 25%, o retrabalho para corrigir a não conformidade em 50% e a má gestão dos fundos em 85% (a percentagem mais elevada obtida no inquérito por amostragem).

O gráfico 4 abaixo mostra a representação gráfica das informações da tabela 9 acima.

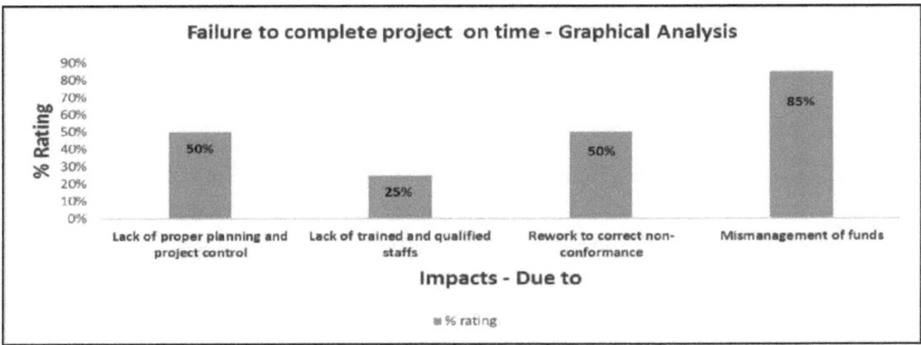

Gráfico 4

Não entrega do projeto de acordo com o âmbito exigido - Dados estatísticos do inquérito por amostragem						
Não.	Impactos - Devido a	95%	90%	85%	50%	25%	% de classificação
1	Falta de pessoal qualificado	1	3	6	4	6	55%
2	Falta de acompanhamento ou controlo adequados	1	2	7	7	3	67.50%
3	Utilização de materiais de qualidade inferior	1	4	1	6	8	25%
4	Má gestão dos fundos	0	5	6	6	3	67.50%
	Total	3	14	20	23	20	

Tabela: 10

A partir do quadro 12, o número mais elevado de participantes por atribuição de percentagem do inquérito por amostragem foi selecionado como a classificação percentual para os impactos - devido a. Nos casos em que existe mais do que um número mais elevado de participantes por percentagem atribuída, foi calculada a média entre as percentagens para obter a classificação percentual. A falta de pessoal qualificado foi classificada em 55%, a falta de acompanhamento ou controlo adequados em 67,50%, a utilização de materiais de qualidade inferior em 25% e a má gestão dos fundos em 67,50%. A percentagem mais elevada obtida no inquérito por amostragem foi de 67,50%, o que se deve a dois impactos diferentes - devido a.

O gráfico 5 abaixo mostra a representação gráfica das informações da tabela 10 acima.

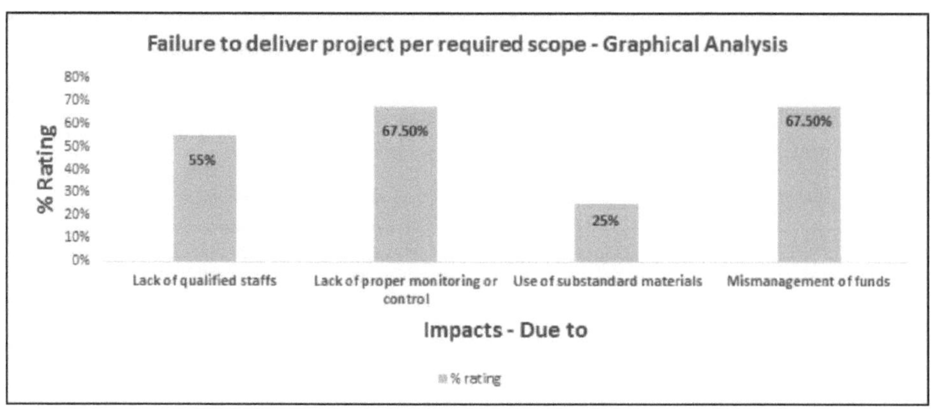

Gráfico 5

Não conclusão do projeto devido à falta de controlo orçamental adequado - Dados estatísticos do inquérito por amostragem						
Não.	Impactos - Devido a	95%	90%	85%	50%	25%	% de classificação
1	Indisponibilidade de pessoal qualificado	0	4	4	3	9	25%
2	Despesas fora do orçamento	2	2	5	8	3	50%
3	Desvio de fundos do projeto	2	5	4	4	5	57.50%
	Total	4	11	13	15	17	

Tabela: 11

A partir do quadro 13, o número mais elevado de participantes por atribuição de percentagem do inquérito por amostragem foi selecionado como a classificação percentual para os impactos - devido a. Nos casos em que existe mais do que um número mais elevado de participantes por percentagem de afetação, foi calculada a média entre as percentagens para obter a classificação percentual. A indisponibilidade de pessoal qualificado foi classificada em 25%, as despesas fora do orçamento em 50% e o desvio de fundos do projeto em 57,50% (percentagem mais elevada obtida no inquérito por amostragem).

O gráfico 6 abaixo mostra a representação gráfica das informações da tabela 11 acima.

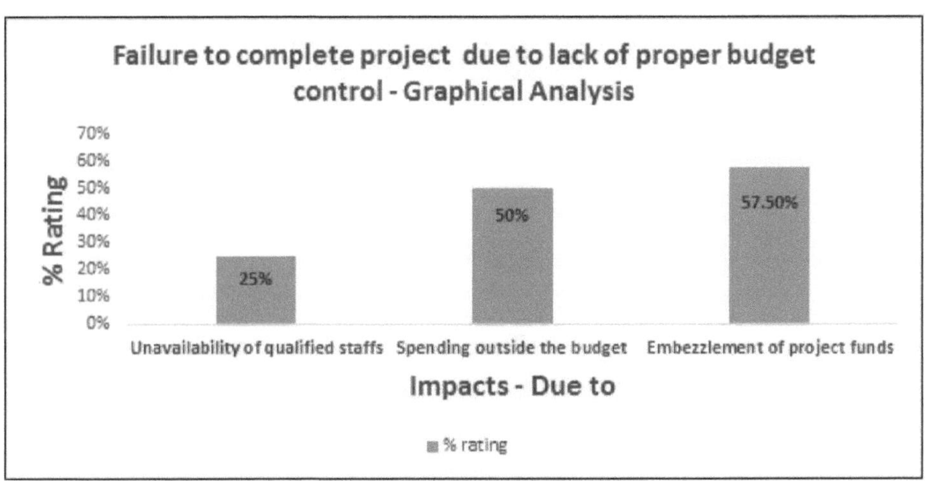

Gráfico 6

	Fim da existência da empresa devido à falta de fundos operacionais - Dados estatísticos do inquérito por amostragem						
Não.	Impactos - Devido a	95%	90%	85%	50%	25%	% de classificação
1	Má gestão dos fundos	3	2	5	7	3	50%
2	Falta de pessoal qualificado	1	2	2	5	10	25%
3	Falta de geração de lucros	3	2	1	9	5	50%
4	Falta de poupança de rendimentos para projectos futuros	3	1	8	6	2	85%
	Total						

Mesa: 12

A partir do quadro 14, foi selecionado o número mais elevado de participantes por atribuição de percentagem do inquérito por amostragem como a classificação percentual para os impactos - devido a. A má gestão dos fundos foi classificada em 50%, a falta de pessoal qualificado em 50%, a falta de geração de lucros em 50% e a falta de poupança de rendimentos para projectos futuros em 85% (a percentagem mais elevada obtida no inquérito por amostragem).

O gráfico 7 abaixo mostra a representação gráfica das informações da tabela 12 acima.

17

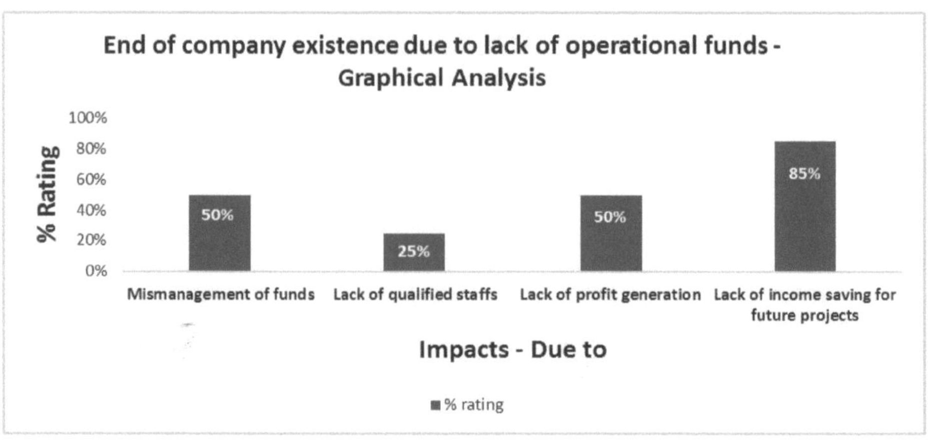

Gráfico 7

No.	Participant ID#	Failure to complete project on time	Failure to deliver project per required scope	Failure to complete project due to lack of proper budget control	Failure to complete project due to under estimation of project budget	End of company existence due to lack of operational funds
1	SSQ - 01	3	2	3	1	2
2	SSQ - 02	2	1	2	3	3
3	SSQ - 03	2	1	1	2	3
4	SSQ - 04	5	3	4	4	5
5	SSQ - 05	3	2	3	2	3
6	SSQ - 06	1	1	1	1	1
7	SSQ - 07	1	1	1	1	2
8	SSQ - 08	2	1	2	1	4
9	SSQ - 09	3	2	3	2	2
10	SSQ - 10	4	2	4	2	3
11	SSQ - 11	1	4	4	5	5
12	SSQ - 12	2	2	2	2	3
13	SSQ - 13	2	1	2	2	3
14	SSQ - 14	3	3	3	1	5
15	SSQ - 15	2	1	2	1	2
16	SSQ - 16	2	4	4	3	1
17	SSQ - 17	3	3	4	2	1
18	SSQ - 18	2	2	4	5	3
19	SSQ - 19	2	3	3	3	2
20	SSQ - 20	3	3	2	2	4
	Total - Survey points	48	42	54	45	57
Rating:	95% = 5,	90% = 4,	85% = 3,	50% = 2,	25% = 1	

Tabela: 13

Impacts of Lack of TQM on Local Construction Companies in Liberia - Statistical Data for Pareto Analysis				
No.	Impacts	Survey points	Cumulative	Cumulative %
1	End of company existence due to lack of operational funds	57	57	23%
2	Failure to complete project due to lack of proper budget control	54	111	45%
3	Failure to complete project on time	48	159	65%
4	Failure to complete project due to under estimation of project budget	45	204	83%
5	Failure to deliver project per required scope	42	246	100%
	Total	246		

Tabela: 14

A Tabela 13 acima mostra os dados estatísticos da classificação dos participantes do inquérito por amostragem realizado em relação aos impactos nas empresas de construção locais na Libéria devido à falta de Gestão da Qualidade Total. Enquanto o Quadro 14 mostra os impactos com todos os dados estatísticos necessários para a preparação de uma análise de Pareto.

O gráfico 8 abaixo mostra a Análise de Pareto para os impactos da falta de Gestão da Qualidade Total nas empresas de construção locais na Libéria, utilizando os dados recolhidos do inquérito por amostragem realizado para esta investigação. De acordo com o princípio da Análise de Pareto, 80% de todos os problemas devem-se a poucos factores e nem todos os factores rodeiam todo o processo. Estes poucos factores são conhecidos como os Poucos Vitais e os outros como os Muitos Triviais. A partir do gráfico, os impactos que se enquadram na categoria dos poucos vitais são:

> Fim da existência da empresa devido à falta de fundos operacionais,

> Não conclusão do projeto devido à falta de controlo orçamental adequado, e

> Não conclusão do projeto a tempo.

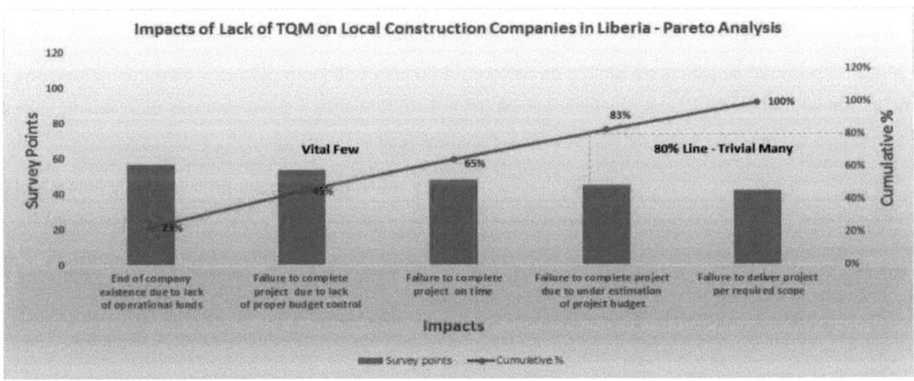

Gráfico 8

5.2 Análise da causa principal

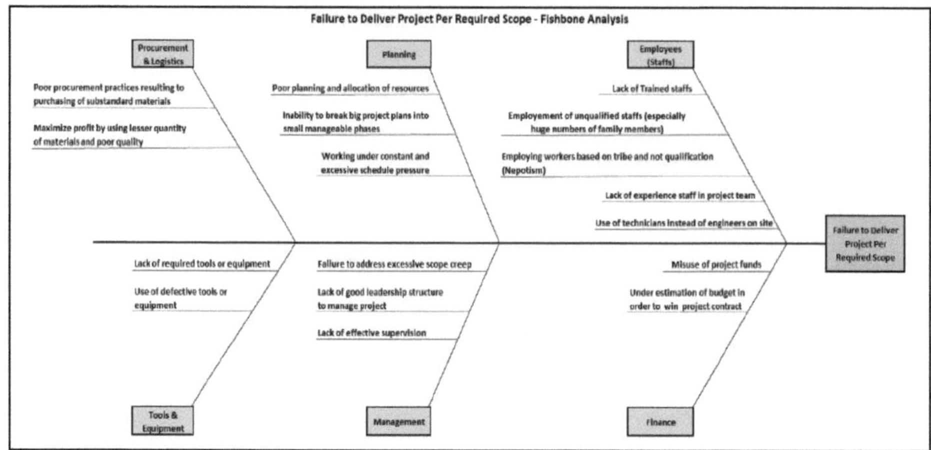

Figure 2

A Figura 2 mostra a análise da causa principal da não entrega do projeto de acordo com o âmbito exigido por algumas empresas de construção locais na Libéria. As causas principais obtidas a partir do inquérito por amostragem são

1) Empregados (pessoal)

> Falta de pessoal formado - utilização de pessoal que não tem formação para desempenhar a tarefa que lhe foi atribuída.

> Emprego de pessoal não qualificado (especialmente um grande número de membros da família) - Emprego de trabalhadores não qualificados mas com base em ligações familiares.

> Falta de pessoal experiente na equipa de projeto - a empresa não tem pessoal experiente na equipa de projeto que tenha trabalhado em projectos semelhantes anteriormente e conheça todos os riscos possíveis associados à entrega do projeto de acordo com o âmbito exigido.

> Utilização de técnicos em vez de engenheiros no local - algumas empresas de construção locais têm a prática constante de utilizar técnicos em vez de engenheiros nos projectos porque não querem pagar mais dinheiro aos engenheiros.

2) Finanças

> Utilização indevida dos fundos do projeto - utilização dos fundos do projeto para outras actividades, criando assim uma situação em que é necessário improvisar alguns materiais para compensar os fundos utilizados indevidamente.

> Subestimação do orçamento para ganhar o contrato do projeto - muitas empresas locais na Libéria costumam apresentar propostas para projectos com um orçamento limitado para ganhar o contrato. Depois de ganharem o contrato, não lhes resta outra opção senão comprar materiais de qualidade inferior ou utilizar quantidades e rácios inferiores para realizar o trabalho.

3) Planeamento

> Má planificação e afetação de recursos - falta de planificação adequada durante os processos de concurso e de mobilização.

> Incapacidade de dividir grandes planos de projeto em pequenas fases geríveis - algumas empresas de construção locais não têm a capacidade de dividir todo o âmbito do projeto em fases que possam ser facilmente geridas e alcançáveis.

> Trabalhar sob pressão constante e excessiva do calendário - devido a atrasos em determinada parte do projeto e para recuperar o prazo do projeto, algumas empresas de construção locais exercerão uma maior pressão para concluir todos os restantes trabalhos a tempo.

4) Gestão

> Não tratar o aumento excessivo do âmbito - o aumento do âmbito na gestão de projectos refere-se a alterações, crescimento contínuo ou descontrolado do âmbito de um projeto, em qualquer momento após o início do projeto. Se não for resolvido a tempo, o projeto pode ser entregue fora do âmbito exigido.

> Falta de uma boa estrutura de liderança para gerir o projeto - algumas empresas de construção locais não dispõem de uma boa estrutura de liderança para cuidar eficazmente dos assuntos do projeto.

> Falta de supervisão eficaz - os supervisores não desempenham as suas funções de forma eficiente, especialmente para garantir que o trabalho é efectuado de acordo com o âmbito exigido.

5) Ferramentas e equipamentos

> Falta de ferramentas ou equipamento necessários - a empresa não fornece as ferramentas e o equipamento necessários para o trabalho no local e no momento certo.

> Utilização de ferramentas ou equipamentos defeituosos - a utilização de ferramentas ou equipamentos defeituosos pode resultar na realização de trabalhos fora do âmbito exigido.

6) Aprovisionamento e logística

> Más práticas de aquisição que resultam na compra de materiais de qualidade inferior - a compra de materiais de qualidade inferior para o projeto pode levar à realização de trabalhos fora do âmbito exigido.

> Maximizar o lucro utilizando menor quantidade de materiais e má qualidade - algumas empresas compram menor quantidade de materiais necessários e de má qualidade para maximizar a sua margem de lucro.

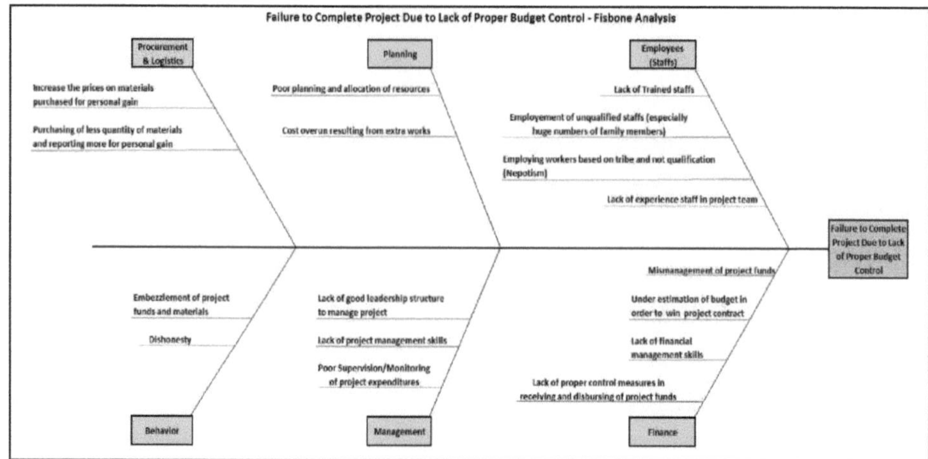

Figure 3

A figura 3 mostra a análise da causa principal da não conclusão do projeto pelas empresas de construção locais na Libéria devido à falta de um controlo orçamental adequado. As causas principais obtidas a partir do inquérito por amostragem são

1) Empregados (pessoal)

> Falta de pessoal formado - utilização de pessoal que não tem formação para desempenhar a tarefa que lhe foi atribuída.

> Emprego de pessoal não qualificado (especialmente um grande número de membros da família) - Emprego de trabalhadores não qualificados mas com base em ligações familiares.

> Falta de pessoal experiente na equipa de projeto - a empresa não dispõe de pessoal experiente na equipa de projeto para garantir que o orçamento se mantém sob controlo.

> Utilização de técnicos em vez de engenheiros no local - algumas empresas de construção locais têm a prática constante de utilizar técnicos em vez de engenheiros nos projectos porque não querem pagar mais dinheiro aos engenheiros.

2) Finanças

> Má gestão dos fundos do projeto - utilização dos fundos do projeto para outras actividades, criando assim uma situação em que os fundos não estarão disponíveis para concluir o projeto.

> Subestimação do orçamento para ganhar o contrato de projeto - muitas empresas locais na Libéria costumam apresentar propostas para projectos com um orçamento limitado para ganhar o contrato. Depois de ganharem o contrato, não lhes resta outra opção senão concluir o trabalho com o fundo limitado e, na maioria dos casos, o projeto não pode ser concluído.

> Falta de competências de gestão financeira - algumas empresas locais não possuem as competências de gestão financeira necessárias para controlar o orçamento durante a execução do projeto.

> Falta de medidas de controlo adequadas na receção e desembolso dos fundos do projeto - a não

implementação de um sistema de controlo adequado para monitorizar a movimentação do dinheiro que entra (receitas) e sai (despesas) da empresa pode levar à não conclusão do projeto.

3) Planeamento

> Má planificação e afetação de recursos - falta de planificação adequada durante os processos de concurso e de mobilização.

> A ultrapassagem de custos resultante de trabalhos suplementares - a ultrapassagem de custos, também conhecida como aumento de custos, subavaliação ou ultrapassagem do orçamento, envolve custos inesperados incorridos para além dos montantes orçamentados devido a uma subestimação do custo real durante a orçamentação. A inclusão de trabalhos suplementares no âmbito do contrato sem prever os custos suplementares pode levar à conclusão do projeto.

4) Gestão

> Falta de uma boa estrutura de liderança para gerir o projeto - algumas empresas de construção locais não dispõem de uma boa estrutura de liderança para gerir eficazmente os assuntos do projeto.

> Má supervisão/monitorização das despesas do projeto - a falta de uma supervisão e de uma monitorização eficazes das despesas do projeto pode levar à sua conclusão.

> Falta de competências de gestão de projectos - a falta de competências de gestão de projectos, especialmente nos quadros superiores da empresa, pode levar à não conclusão do projeto devido a um controlo orçamental inadequado.

5) Comportamento

> Desvio de fundos e materiais do projeto - alguns membros do pessoal roubam os fundos e materiais da empresa, em vez de os utilizarem para o fim a que se destinam. Este tipo de comportamento pode levar à conclusão do projeto.

> Desonestidade - alguns dos membros do pessoal das empresas de construção locais não são honestos. Utilizam os recursos do projeto para seu próprio interesse, sem ter em conta a conclusão do projeto ou a integridade da empresa.

6) Aprovisionamento e logística

> Aumentar os preços dos materiais comprados para benefício pessoal - o pessoal da logística da empresa compra materiais a um custo mais barato, mas comunica o custo elevado para desviar o fundo de equilíbrio.

> Compra de menos quantidade de materiais e apresentação de mais relatórios para benefício pessoal - os funcionários da logística da empresa comprarão menos quantidade de materiais necessários e apresentarão mais relatórios, de modo a poderem roubar parte do fundo do projeto.

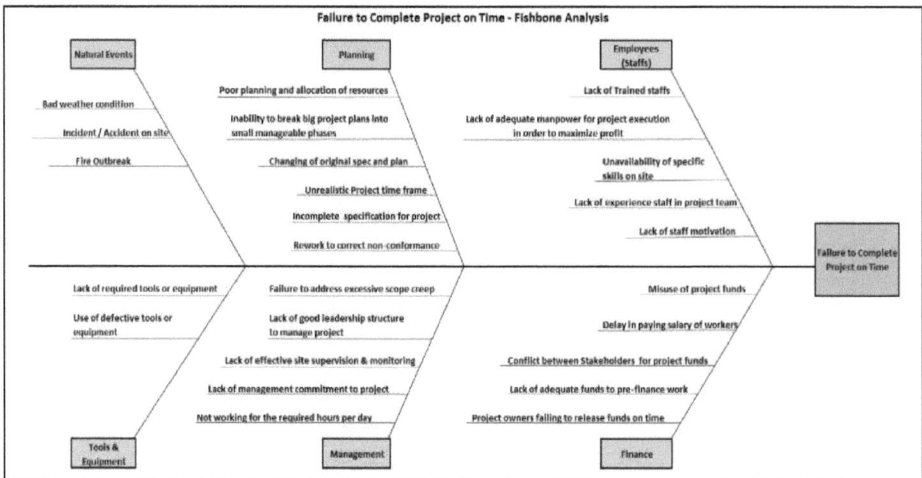

Figure 4

A Figura 4 mostra a análise da causa principal para a não conclusão do projeto a tempo pelas empresas de construção locais na Libéria. As causas principais obtidas a partir do inquérito por amostragem são

1) Empregados (pessoal)

> Falta de pessoal formado - utilização de pessoal que não tem formação para desempenhar a tarefa que lhe foi atribuída.

> Falta de mão de obra adequada para a execução do projeto para maximizar o lucro - algumas empresas empregam menos do que a mão de obra realmente necessária no contrato para concluir o trabalho a tempo.

> Indisponibilidade de competências específicas no local - há tarefas específicas num projeto que requerem um ou mais trabalhadores com competências especiais para a sua execução. A não contratação desse(s) trabalhador(es) para fazer parte da equipa de projeto conduzirá a um atraso na conclusão do projeto a tempo.

> Falta de pessoal experiente na equipa de projeto - a empresa não dispõe de pessoal experiente na equipa de projeto para garantir que o trabalho é executado de forma segura, atempada e eficaz.

> Falta de motivação do pessoal - a falta de motivação do pessoal pode impedir os trabalhadores de trabalharem horas extra e de se esforçarem ao máximo para garantir que o projeto é concluído a tempo.

2) Finanças

> Utilização indevida dos fundos do projeto - utilização dos fundos do projeto para outras actividades, criando assim uma situação em que os fundos não estarão disponíveis para concluir o projeto a tempo.

> Atraso no pagamento do salário dos trabalhadores - o não pagamento atempado do salário dos trabalhadores pode afetar a data de conclusão do projeto, porque, por vezes, os trabalhadores terão de entrar em greve, perdendo assim dias de produção.

> Conflito entre as partes interessadas pelos fundos do projeto - por vezes, as partes interessadas não concordam com a forma como devem utilizar os rendimentos gerados por um projeto. Alguns quererão obter

a sua própria parte antes da conclusão do projeto, o que pode levar a que o projeto não seja concluído a tempo.

> Falta de fundos adequados para pré-financiar o trabalho - algumas empresas locais não têm capacidade para pré-financiar o trabalho do projeto, mas porque querem ganhar o concurso, aceitam pré-financiar o projeto sem terem capacidade para o fazer. Esta situação pode levar a que o projeto não seja concluído a tempo.

> Os proprietários do projeto não libertam os fundos a tempo - alguns proprietários do projeto concordam em pagar uma determinada percentagem do custo total do projeto contra uma determinada percentagem de trabalho realizado em todo o âmbito do projeto (por exemplo, 40% de conclusão do trabalho, requer 30% do pagamento do custo total do projeto, 70% de conclusão do trabalho, requer 60% do pagamento do custo total do projeto, 100% de conclusão do trabalho, requer 90% do pagamento do custo total do projeto, e os 10% são uma taxa de retenção por um período de seis meses). Após a conclusão da percentagem de trabalho exigida, a empresa contratante espera receber o pagamento atribuído através da apresentação de todos os documentos relevantes, mas alguns proprietários de projectos atrasam o pagamento devido a muitas burocracias em alguns casos.

3) Planeamento

> Má planificação e afetação de recursos - falta de planificação adequada durante os processos de concurso e de mobilização.

> Incapacidade de dividir grandes planos de projeto em pequenas fases geríveis - a incapacidade de dividir o âmbito do projeto em fases mais pequenas para o tornar facilmente gerível pode levar a que o projeto não seja concluído a tempo.

> Alteração das especificações e do plano originais - a alteração constante das especificações e dos planos durante o período de execução do projeto pode levar a que este não seja concluído a tempo.

> Prazo irrealista para o projeto - aceitar concluir o projeto dentro de um determinado prazo que não é realista levará a que o projeto não seja concluído a tempo.

> Especificação incompleta do projeto - a execução do projeto sem o âmbito completo do trabalho pode levar a que o projeto não seja concluído a tempo.

> Retrabalho para corrigir não-conformidades - é bom fazer as coisas bem à primeira, o que eliminará o desperdício de tempo em todo o processo, que pode resultar na não conclusão do projeto a tempo.

4) Gestão

> Não resolver o problema do desfasamento excessivo do âmbito - o desfasamento excessivo do âmbito pode levar a que o projeto não seja concluído a tempo.

> Falta de uma boa estrutura de liderança para gerir o projeto - se uma empresa não tiver uma boa estrutura de liderança, não haverá uma gestão adequada da execução do projeto, o que pode levar a que este não seja concluído a tempo.

> Falta de supervisão e acompanhamento eficazes do local - a falta de supervisão e acompanhamento eficazes do local pode levar a que os trabalhos do projeto não sejam realizados de acordo com o calendário.

> Falta de compromisso da gestão com o projeto - se a gestão das empresas locais não estiver empenhada em garantir que todos os projectos que empreendem sejam concluídos dentro do prazo exigido, não será possível concluir o projeto a tempo.

> Não trabalhar as horas necessárias por dia - não começar o trabalho diário a tempo e sair do local de trabalho mais cedo pode resultar na não conclusão do projeto a tempo.

5) Eventos naturais

> Mau tempo - o mau tempo pode prejudicar o calendário do projeto e, se não forem tomadas medidas para o resolver, pode resultar na não conclusão do projeto a tempo.

> Incidente / Acidente no local - ocorrências inesperadas, como qualquer forma de incidente ou acidente, podem, em alguns casos, resultar na não conclusão do projeto a tempo.

> Incêndios - as catástrofes naturais, como os incêndios, podem levar a que o projeto não seja concluído a tempo.

6) Ferramentas e equipamentos

> Falta de ferramentas ou equipamento necessários - o facto de a empresa não fornecer as ferramentas e o equipamento necessários para o trabalho no local e no momento certo pode levar a que o projeto não seja concluído a tempo.

> Utilização de ferramentas ou equipamentos defeituosos - a utilização de ferramentas ou equipamentos defeituosos pode levar a que o trabalho não seja feito a tempo; provoca atrasos no calendário do projeto.

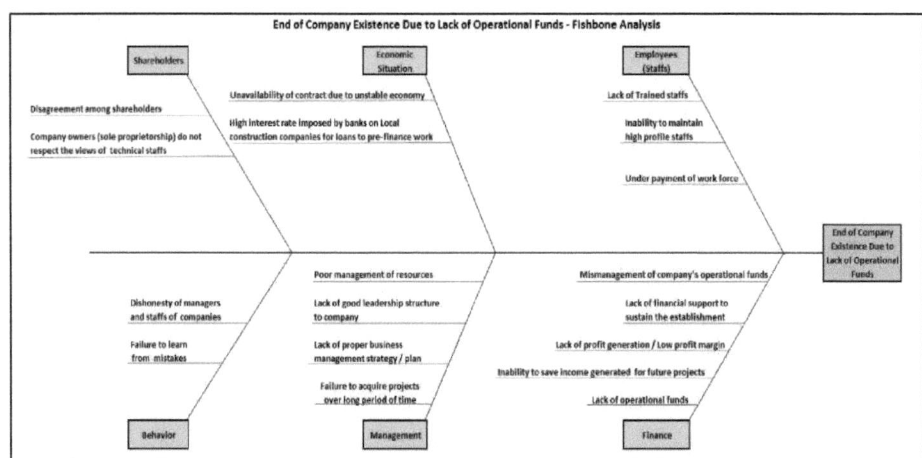

Figure 5

A Figura 5 mostra a análise da causa principal do fim da existência de uma empresa de construção local na Libéria devido à falta de fundos operacionais. As causas principais obtidas a partir do inquérito por amostragem são

1) Empregados (pessoal)

> Falta de pessoal formado - utilização de pessoal que não tem formação para desempenhar a tarefa que

lhe foi atribuída.

> Incapacidade de manter pessoal de alto nível - incapacidade de manter pessoal altamente qualificado e com muitos anos de experiência devido à falta de fundos operacionais.

> Subpagamento da mão de obra - pagamento de salários aos trabalhadores abaixo do exigido pelas suas qualificações e pela legislação laboral da Libéria (más práticas laborais).

2) Finanças

> Má gestão dos fundos operacionais da empresa - utilização dos fundos operacionais da empresa em actividades alheias à empresa, com ou sem controlo.

> Falta de apoio financeiro para sustentar o estabelecimento - a empresa não tem o apoio financeiro necessário para continuar a funcionar.

> Falta de geração de lucro / Baixa margem de lucro - empresa operando sem geração de lucro ou com pouca realização de lucro.

> Incapacidade de poupar as receitas geradas para projectos futuros - algumas empresas locais não conseguem poupar as receitas geradas para projectos futuros porque têm de pagar dívidas adquiridas durante o projeto com taxas de juro elevadas.

> Falta de fundos operacionais - algumas pessoas juntam-se para formar uma empresa sem terem a força ou o apoio financeiro necessários. Este facto resulta normalmente no fim da existência da empresa devido à falta de fundos operacionais.

3) Situação económica

> Indisponibilidade de contratos devido a uma economia instável - as empresas de construção locais passam, por vezes, longos períodos sem obter qualquer contrato. Há alturas em que os contratos não estão disponíveis devido à situação económica do país (por exemplo, a crise financeira global de 2008).

> Elevada taxa de juro imposta pelos bancos às empresas de construção locais para empréstimos destinados a pré-financiar o trabalho - as empresas locais sem apoio financeiro ou com apoio financeiro limitado adquirem empréstimos do banco para poderem pré-financiar o projeto em troca de uma elevada taxa de juro. Esta situação pode levar ao fim da existência da empresa.

4) Gestão

> Má gestão dos recursos - as empresas que não gerem corretamente os seus recursos ficarão sem fundos operacionais e deixarão de existir.

> Falta de uma boa estrutura de liderança para gerir a empresa - algumas empresas de construção locais não dispõem de uma boa estrutura de liderança para cuidar eficazmente dos assuntos da empresa. Este facto pode levar ao fim da existência da empresa.

> Falta de uma estratégia ou de um plano de gestão empresarial adequado - o funcionamento de uma empresa sem uma estratégia ou um plano de gestão empresarial adequado pode levar ao fim da existência da empresa.

> Incapacidade de adquirir projectos durante um longo período - se uma empresa não conseguir ganhar concursos para projectos durante um longo período para gerar fundos operacionais para sustentar a empresa,

essa empresa deixará de existir.

5) Comportamento

> Desonestidade dos gestores e do pessoal das empresas - o facto de os gestores e o pessoal não respeitarem os valores e os objectivos da empresa e de não serem honestos, utilizando os recursos da empresa para proveito próprio, pode levar ao fim da existência da empresa.

> Não aprender com os erros - é bom que as pessoas aprendam com os erros do passado para evitar que se repitam no futuro. O facto de a gestão de uma empresa não aprender com os erros do passado e não encontrar formas de os corrigir no futuro pode levar ao fim da existência da empresa.

6) Accionistas

> Desacordo entre os accionistas - algumas empresas deixam de existir devido a conflitos entre os accionistas devido a desacordo durante a tomada de decisões.

> Os proprietários das empresas (empresários em nome individual) não respeitam os pontos de vista dos técnicos - muitas empresas de construção locais na Libéria são propriedade de uma pessoa que não tem conhecimentos sobre construção ou gestão de uma empresa. Em vez de empregarem e darem oportunidade ao pessoal técnico da sua empresa para tratar de questões técnicas, tomam decisões cruciais por si próprios, o que pode levar ao fim da existência da empresa.

CAPÍTULO 6 - CONCLUSÕES

A partir da análise efectuada no Capítulo 5, as causas principais associadas aos impactos nas empresas de construção locais na Libéria devido à falta de Gestão da Qualidade Total podem ser classificadas em dez categorias. São elas:

1) Empregados (pessoal)

2) Finanças

3) Planeamento

4) Gestão

5) Ferramentas e equipamentos

6) Aprovisionamento e logística

7) Comportamento

8) Eventos naturais

9) Situação económica

10)   Accionistas

Para que as empresas de construção locais na Libéria possam funcionar eficazmente, têm de resolver as questões relacionadas com as fontes de problemas acima enumeradas através da implementação da Gestão da Qualidade Total.

A Gestão da Qualidade Total tem grandes benefícios que podem ser alcançados através da sua implementação. No entanto, ainda há muitas empresas que tentam uma variedade de esforços de melhoria da qualidade e descobrem que não alcançaram nenhum ou a maioria dos resultados esperados. O fator mais importante para o sucesso ou fracasso dos esforços de Gestão da Qualidade Total é a genuinidade do compromisso da organização (gestão da empresa). A Gestão da Qualidade Total é uma filosofia completa que deve ser adoptada com verdadeira convicção e não apenas com palavras. Encarar a Gestão da Qualidade Total como um investimento financeiro a curto prazo é uma receita certa para o fracasso.

Algumas organizações consideram que a responsabilidade pela qualidade e pela eliminação de desperdícios recai sobre os trabalhadores e não sobre a gestão de topo. Outro erro de algumas organizações é a dependência excessiva ou insuficiente dos métodos de controlo estatístico de processos (CEP). O SPC não substitui a melhoria contínua, o trabalho em equipa e uma mudança no sistema de crenças da organização. No entanto, o SPC é uma ferramenta necessária para identificar problemas de qualidade.

Para resolver as questões identificadas como causas principais no capítulo 5, é necessário preparar e implementar um plano de ação. Este plano ajudará as empresas de construção locais a desenvolverem uma atividade comercial sustentável.

PLANO DE ACÇÃO PARA TRATAR AS CAUSAS PROFUNDAS			
Não.	Categoria	Causa principal	Medidas a tomar
1	Empregados	Falta de pessoal formado	Fornecer formação adequada ao pessoal

2	(pessoal)	Emprego de pessoal não qualificado (nomeadamente um grande número de familiares)	Empregar trabalhadores qualificados e competentes e não por laços familiares.
3		Falta de pessoal com experiência na equipa de projeto	Empregar pessoal experiente. Isto pode ser conseguido se os anos de experiência forem um dos requisitos para trabalhar na sua empresa.
4		Utilização de técnicos em vez de engenheiros no local	Não utilizar técnicos para efetuar trabalhos que devem ser realizados por engenheiros. Empregar engenheiros.
5		Falta de mão de obra adequada para a execução dos projectos com vista a maximizar os lucros	Empregue sempre o número necessário de trabalhadores para a execução dos projectos. Não tente aumentar o seu lucro reduzindo o número de efectivos.
6		Indisponibilidade de competências específicas no local	Durante a contratação, devem ser tomadas medidas para empregar trabalhadores com competências especializadas de acordo com os requisitos do âmbito do projeto.
7		Incapacidade de manter pessoal de alto nível	As empresas devem prever no seu orçamento anual de funcionamento uma provisão especial para manter o pessoal de alto nível. Motivar o pessoal de alto nível.
8		Sub-pagamento da força de trabalho	As empresas devem oferecer uma boa estrutura salarial à sua força de trabalho, em conformidade com a legislação laboral. Não paguem mal à vossa força de trabalho. Promover um ambiente de trabalho bom e propício para os trabalhadores.
9	Finanças	Subestimação do orçamento para ganhar o contrato do projeto	Assegurar uma estimativa correcta do orçamento durante o processo de concurso. Assegure-se de que o âmbito do projeto é bem compreendido antes de apresentar a proposta para o contrato. Não reduza a sua estimativa para ganhar o projeto.
10		Má gestão (utilização indevida) dos fundos do projeto	As empresas devem assegurar a implementação de uma gestão financeira e de materiais adequada. Utilizar os fundos do projeto para os fins previstos.
11		Falta de competências de gestão financeira	As questões financeiras da empresa devem ser tratadas por funcionários qualificados

			com competências de gestão financeira.
12		Falta de medidas de controlo adequadas na receção e desembolso dos fundos do projeto	As empresas devem implementar uma forte política de controlo de custos para monitorizar o fluxo de caixa.
13		Atraso no pagamento do salário dos trabalhadores	Pagar atempadamente aos trabalhadores.
14		Conflito entre as partes interessadas para obter fundos para o projeto	As partes interessadas das empresas devem dar aos seus gestores financeiros a possibilidade de tratarem de questões financeiras, em vez de interromperem o processo de decisão financeira.
15		Falta de fundos adequados para pré-financiar os trabalhos	As empresas devem ter a capacidade financeira para pré-financiar projectos antes de aceitarem fazê-lo sem o apoio financeiro necessário. Não aceitar apenas para ganhar contratos.
16		Os proprietários dos projectos não libertam os fundos a tempo	O dono do projeto deve garantir o cumprimento das suas obrigações financeiras contratuais a tempo, no período exigido durante a execução ou conclusão do projeto.
17		Má gestão dos fundos operacionais da empresa	As empresas devem implementar um bom programa de gestão financeira para monitorizar todas as transacções da empresa.
18		Falta de apoio financeiro para manter o estabelecimento	Os accionistas devem ter o apoio financeiro necessário para sustentar uma empresa antes da sua criação.
19		Falta de geração de lucros / Baixa margem de lucro	Estabelecer uma comunicação eficaz com os clientes e os empregados para garantir que os projectos realizados são executados de acordo com o contrato. Prestar sempre bons serviços aos clientes para atrair futuros e maiores projectos.
20		Incapacidade de guardar as receitas geradas para projectos futuros	As empresas têm de poupar sempre uma determinada percentagem das receitas geradas em projectos anteriores para projectos futuros. Não gastem todo o vosso rendimento sem poupar.
21		Falta de fundos operacionais	As empresas devem garantir a

			disponibilidade de fundos operacionais antes de iniciarem a atividade. Não confiar em contratos futuros para apoiar o funcionamento da empresa.
22		Má planificação e afetação de recursos	Criar um plano de projeto adequado e assegurar a atribuição adequada de recursos.
23		Incapacidade de dividir grandes planos de projeto em pequenas fases geríveis	Divida sempre os planos de grandes projectos em fases geríveis. Isto ajudá-lo-á a gerir eficazmente um projeto.
24		Trabalhar sob constante e excessiva pressão de horários	As empresas devem assegurar um planeamento adequado e trabalhar de acordo com o plano para evitar trabalhar sob uma pressão excessiva para compensar o tempo perdido.
25	Planeamento	Ultrapassagem de custos resultante de trabalhos suplementares	As empresas devem assegurar-se de que todos os trabalhos adicionais durante a execução do projeto são registados separadamente para ter em conta o custo e o tempo adicionais. Deste modo, a empresa poderá reclamar o pagamento, evitando assim a ultrapassagem do orçamento inicial do projeto.
26		Alteração da especificação e do plano originais	Melhorar a resposta rápida às alterações do âmbito do projeto. As alterações do âmbito do projeto devem passar pelo processo necessário e todos os factores que afectarão as alterações devem ser considerados.
27		Prazo irrealista para o projeto	A atribuição de tempo aos processos de trabalho durante o planeamento do projeto deve ser realista. Não utilizar prazos irrealistas.
28		Especificação incompleta do projeto	O âmbito de trabalho de todos os projectos deve ser bem definido.
29		Retrabalho para corrigir a não-conformidade	Assegurar que todos os trabalhos são efectuados corretamente à primeira, de modo a evitar o retrabalho para corrigir a não conformidade, o que implica a utilização de recursos e tempo adicionais.
30	...	Não resolução do problema do	Reforçar a resposta rápida às alterações do

		Gestão	desfasamento excessivo do âmbito	âmbito do projeto para evitar um aumento excessivo do âmbito.
31			Falta de uma boa estrutura de liderança para gerir o projeto/empresa	As empresas devem criar uma boa estrutura de liderança para gerir os assuntos da empresa.
32			Falta de supervisão efectiva	Assegurar a boa execução do acompanhamento e da inspeção.
33			Má supervisão/monitorização das despesas do projeto	Assegurar que todas as despesas do projeto são supervisionadas e controladas de forma eficaz.
34			Falta de competências de gestão de projectos	As empresas devem garantir que a sua equipa de gestão de topo possui as competências necessárias para gerir os projectos de forma eficaz.
35			Falta de empenho da gestão no projeto	A prestação de serviços de qualidade é o resultado do empenhamento da gestão. Por conseguinte, os gestores devem estar empenhados em todos os projectos que empreendem.
36			Não trabalhar as horas necessárias por dia	As empresas devem garantir que os trabalhos do projeto são executados de acordo com o calendário aprovado. Os trabalhadores devem começar a trabalhar a tempo e terminar a tempo, e não o contrário.
37			Má gestão dos recursos	Implemente um programa eficaz de gestão de recursos na sua empresa, apoiado por um bom sistema de controlo de documentos.
38			Falta de uma estratégia/plano de gestão empresarial adequado	As empresas devem dispor de uma estratégia de gestão empresarial adequada antes de obterem contratos.
39			Não aquisição de projectos durante um longo período	As empresas devem assegurar-se de que prestam serviços de qualidade, evitam fazer orçamentos para obter lucros excessivos e realizam o trabalho a tempo. Além disso, estabelecer boas relações com os clientes.
40		Ferramentas e equipamentos	Falta de ferramentas ou equipamentos necessários	As empresas devem assegurar-se de que todas as ferramentas e equipamentos necessários estão disponíveis para qualquer tarefa a efetuar

41		Utilização de ferramentas ou equipamentos defeituosos	Não utilize ferramentas ou equipamento defeituosos para efetuar qualquer tarefa. Isto pode levar a um incidente/acidente que pode resultar em ferimentos com perda de tempo ou morte. Pode também levar a que o trabalho seja efectuado de forma incorrecta devido a um erro decorrente da utilização de ferramentas ou equipamento defeituosos.
42	Aprovisionamento e logística	Práticas de aquisição deficientes que resultam na aquisição de materiais de qualidade inferior	Aplicar uma gestão adequada das aquisições e da logística.
43		Maximizar o lucro utilizando uma menor quantidade de materiais e uma má qualidade	Não comprar uma quantidade menor de materiais ou de má qualidade para o trabalho de projeto para aumentar o lucro. Trata-se de uma má prática comercial. Adquira a quantidade e a qualidade necessárias de acordo com o âmbito do contrato.
44		Aumentar os preços dos materiais adquiridos para proveito próprio	Aplicar uma gestão adequada das aquisições e da logística para evitar práticas fraudulentas.
45		Compra de menor quantidade de materiais e comunicação de maior quantidade para ganho pessoal	Aplicar uma gestão adequada das aquisições e da logística para evitar práticas fraudulentas.
46	Comportamento	Desvio de fundos e materiais do projeto	Aplicar uma política de conformidade sólida em matéria de corrupção. Tolerância zero se alguém da empresa estiver envolvido em actividades de corrupção.
47		Desonestidade dos gestores e do pessoal	Aplicar uma política de honestidade e realizar reuniões regulares de sensibilização com os gestores e o pessoal.
48		Não aprender com os erros	A gestão das empresas deve implementar um sistema de acompanhamento para registar todos os erros e desafios do passado e preparar um plano de ação para evitar ocorrências futuras.
49	Eventos naturais	Más condições climatéricas	Durante a programação, deve ser sempre previsto um período de tempo para fazer face às intempéries, especialmente se os trabalhos tiverem de ser efectuados durante a estação das chuvas.

50		Incidente / Acidente no local	Implementar um programa sólido de Saúde, Segurança e Ambiente na sua empresa.
51		Incêndio	Preparar e aplicar um plano eficaz de resposta a emergências.
52	Situação económica	Indisponibilidade do contrato devido a uma economia instável	As empresas precisam de criar um meio alternativo para continuar a funcionar e obter receitas, envolvendo-se noutras actividades relacionadas com a construção se não conseguirem obter contratos durante um determinado período. Por exemplo, fabrico de tijolos, produção de betão, etc.
53		Elevada taxa de juro imposta pelos bancos às empresas de construção locais para empréstimos destinados a pré-financiar trabalhos	As empresas devem negociar melhores taxas de juro com os bancos para obterem empréstimos para pré-financiar os trabalhos do projeto.
54	Accionistas	Desacordo entre accionistas	Os accionistas das empresas devem comportar-se de forma a evitar conflitos devidos a desacordos. Devem ser profissionais no exercício das suas funções, de modo a não afetar os projectos em curso.
55		Os proprietários da empresa (empresa em nome individual) não respeitam as opiniões dos técnicos	O proprietário da empresa deve respeitar os pontos de vista dos gestores e supervisores do local.

Tabela: 15

Esta tese beneficiará as empresas de construção locais na Libéria, ajudando-as a melhorar os seus negócios através da contratação e manutenção de pessoal qualificado, obtendo uma vida útil duradoura (existência da empresa), desenvolvendo bons serviços e relações com os clientes, aumentando o lucro através da poupança de custos em caso de incumprimento zero (taxas de retrabalho e retenção) e entregando projectos dentro do âmbito e do calendário exigidos.

Finalmente, as empresas que obtiveram os benefícios da Gestão da Qualidade Total criaram uma cultura de qualidade. Estas empresas desenvolveram um processo de identificação da qualidade definida pelo cliente. Além disso, dispõem de um método sistemático para ouvir os seus clientes, recolher e analisar dados relativos aos problemas dos clientes e efetuar alterações com base no feedback dos clientes.

REFERÊNCIAS

- Juran, Joseph M. Manual de Controlo de Qualidade. 4th ed. New York: McGraw - Hill, 1988.

- Crosby, Philip B. Quality is Free [A Qualidade é Gratuita]. New York: New American Library, 1979.

- Goetsch, David L. e Stanley Davis. Implementing Total Quality [Implementando a Qualidade Total]. Upper Saddle River, N.J.: Prentice Hall, 1995.

- Copyright 2008 liberiamediacenter.org. Geografia da Libéria.

APÊNDICE A: Modelo de questionário de inquérito

TÍTULO DA INVESTIGAÇÃO:OS IMPACTOS DA FALTA DE GESTÃO DA QUALIDADE TOTAL

SOBRE AS

EMPRESAS DE CONSTRUÇÃO LOCAIS NA LIBÉRIA

(QUESTIONÁRIO DE INQUÉRITO POR AMOSTRAGEM)

Name			
Occupation		Years of Experience	
Email		Phone #	
Date		Signature	

Objetivo:

Esta investigação é conduzida para identificar os impactos da falta de TQM nas empresas de construção locais na Libéria; para encontrar as causas destes impactos utilizando a análise da causa raiz; e para encontrar medidas e estratégias de mitigação através da implementação dos princípios da Gestão da Qualidade Total em todo o âmbito das operações das empresas de construção locais.

Nota:

As informações fornecidas neste questionário serão tratadas como confidenciais e serão utilizadas apenas para esta investigação, e não para qualquer outro fim.

Secção 1: Responda às perguntas seguintes, assinalando com um círculo a letra correspondente à sua escolha de resposta na lista de opções apresentada a seguir a cada pergunta.

1. Qual a percentagem de empresas de construção locais na Libéria que não conseguem concluir os projectos a tempo?

a) 95% b) 90% c) 85% d) 50% e) 25%

2. Qual a percentagem de empresas de construção locais na Libéria que não conseguem concluir o projeto a tempo devido à falta de planeamento e controlo adequados do projeto?

a) 95% b) 90% c) 85% d) 50% e) 25%

3. Qual a percentagem de empresas de construção locais na Libéria que não conseguem concluir os projectos a tempo devido à falta de pessoal formado e qualificado?

a) 95% b) 90% c) 85% d) 50% e) 25%

4. Qual é a percentagem de empresas de construção locais na Libéria que não conseguem concluir o projeto a tempo devido a retrabalho para corrigir não-conformidades?

a) 95% b) 90% c) 85% d) 50% e) 25%

5. Qual a percentagem de empresas de construção locais na Libéria que não conseguem concluir os projectos a tempo devido à má gestão dos fundos?

a) 95% b) 90% c) 85% d) 50% e) 25%

6. Qual a percentagem de empresas de construção locais na Libéria que não conseguem entregar o projeto de acordo com o âmbito exigido?

a) 95% b) 90% c) 85% d) 50% e) 25%

7. Qual a percentagem de empresas de construção locais na Libéria que não conseguem entregar o projeto de acordo com o âmbito exigido devido à falta de pessoal qualificado?

a) 95% b) 90% c) 85% d) 50% e) 25%

8. Qual a percentagem de empresas de construção locais na Libéria que não conseguem entregar o projeto de acordo com o âmbito exigido devido à falta de acompanhamento ou controlo adequados?

a) 95% b) 90% c) 85% d) 50% e) 25%

9. Qual a percentagem de empresas de construção locais na Libéria que não conseguem entregar o projeto de acordo com o âmbito exigido devido à utilização de materiais de qualidade inferior?

a) 95% b) 90% c) 85% d) 50% e) 25%

10. Qual a percentagem de empresas de construção locais na Libéria que não conseguem entregar um projeto de acordo com o âmbito exigido devido à má gestão dos fundos?

a) 95% b) 90% c) 85% d) 50% e) 25%

11. Qual a percentagem de empresas de construção locais na Libéria que não conseguem concluir um projeto devido à falta de um controlo orçamental adequado?

a) 95% b) 90% c) 85% d) 50% e) 25%

12. Qual é a percentagem de empresas de construção locais na Libéria que não conseguem concluir um projeto devido à falta de um controlo orçamental adequado provocada pela indisponibilidade de pessoal qualificado?

a) 95% b) 90% c) 85% d) 50% e) 25%

13. Qual a percentagem de empresas de construção locais na Libéria que não conseguem concluir o projeto devido a despesas fora do orçamento?

a) 95% b) 90% c) 85% d) 50% e) 25%

14. Qual a percentagem de empresas de construção locais na Libéria que não conseguem concluir o projeto devido ao desvio de fundos do projeto?

a) 95% b) 90% c) 85% d) 50% e) 25%

15. Qual a percentagem de empresas de construção locais na Libéria que não conseguem concluir um projeto devido à falta de uma estimativa insuficiente do orçamento do projeto?

a) 95% b) 90% c) 85% d) 50% e) 25%

16. Qual a percentagem de empresas de construção locais na Libéria que deixam de existir devido à falta de fundos operacionais?

a) 95% b) 90% c) 85% d) 50% e) 25%

17. Qual a percentagem de empresas de construção locais na Libéria que deixam de existir devido à má gestão dos fundos?

a) 95% b) 90% c) 85% d) 50% e) 25%

18. Qual a percentagem de empresas de construção locais na Libéria que deixam de existir devido à falta de pessoal qualificado?

a) 95% b) 90% c) 85% d) 50% e) 25%

19. Qual a percentagem de empresas de construção locais na Libéria que deixam de existir devido à falta de geração de lucros?

a) 95% b) 90% c) 85% d) 50% e) 25%

20. Qual a percentagem de empresas de construção locais na Libéria que deixam de existir devido à falta de poupança das receitas geradas para serem utilizadas em projectos futuros?

a) 95% b) 90% c) 85% d) 50% e) 25%

Secção 2: Responda às seguintes perguntas de acordo com a sua própria experiência e opinião.

21. Quais são as razões para o facto de algumas empresas de construção locais na Libéria não conseguirem entregar os projectos de acordo com o âmbito exigido e aprovado?

22. Quais são os factores responsáveis pela não conclusão de projectos por parte de algumas empresas de construção locais na Libéria devido à falta de um controlo orçamental adequado?

23. Quais são as razões pelas quais algumas empresas de construção locais na Libéria não conseguem concluir os projectos a tempo?

24. Quais são as razões para a curta duração de vida (período de existência) de algumas empresas de construção locais na Libéria?

40

25.Se fosse o gestor de uma destas empresas de construção locais na Libéria, que medidas seriam tomadas para garantir que o âmbito do projeto fosse entregue de acordo com as normas, custos e prazos exigidos?

Declaração geral sobre esta investigação:

Obrigado por participar nesta investigação.

Printed by Books on Demand GmbH, Norderstedt / Germany